JN411300

詩가람 2

詩가람 동인

詩가람 2

지은이 • 詩가람동인

편집위원 • 조경화 강정례

펴낸이 • 강옥현

주　간 • 양재일

발행처 • 도서출판 오감도

초판인쇄 • 2018년 11월 1일

초판발행 • 2018년 11월 3일

전화 (02) 2277-2592　070-8236-2591

팩스 (031) 775-0161

출판 등록일 • 일제 10-1651(98. 10. 15)

서울시 중구 을지로3가 268 유일빌딩 604호

ISBN 978-89-5698-357-8 03810

값 10,000원

이 책은 2018 양평군 지역문화창달사업비 지원으로 제작되었습니다.

머리글

용문산 단풍이 곱게 물들고 들녘엔 황금색 물결이 춤추는 계절에 시가람 제2집을 발간하게 되어서 참으로 기쁜 일입니다

시가 무엇인지도 잘 모르면서 무작정 시가 좋아 뜻을 같이한 우리들이었지만 시간이 지날수록 시와 더불어 정도 돈독히 쌓여지니 이 또한 보람이 아닐 수 없습니다.

아직은 여러모로 미숙한 점이 많지만 지난 1년 동안 열심히 가꾸고 다듬은 열매들을 한자리에 모았다는 그 자체만으로도 스스로 대견하고 자랑스런 일입니다.

항상 초심을 잃지 말고 우리 모두 진정한 자유인이 되는 날까지 시에 이르는 길을 열심히 닦아야 되겠습니다.

수고하셨습니다. 알차고 성숙된 시가람 제3집을 기대하면서 우리 모두 건필합시다.

시가람 회장 강정례

김병택

김연숙

김은희

김황용

명연숙

문명숙

박부경

박수주

송태옥

심연수

안광원

윤기정

초대시

황명걸

우리의 포옹 / 유기견

우리의 포옹 (외 1편)

황 명 걸(양평문인협회 고문)

돌아서서
그대의 얼굴을 보았지

내 눈에 한가득 담았어

다가가서
그대의 입술에
가볍게 입맞춤했지

양팔을 둘러 부드럽게 껴안았어

오래오래 안고서
깊은 포옹으로 우리는
우리만의 우주를 만들었지

버릴 것 버리고 깨끗이 비워졌어

혼돈은 있을 수 없고
궤도 이탈은 생각할 수 없는 일
얇은 마찰음은 리드미컬해 음악이었지

행성마다 꽃을 달고 원무를 추었어

유기견

세상에서 가장 두꺼운 외투를 입었다
하지만 누구도 멋진 외투로 보지 않는다
본의 아니게 견고한 갑주에 갇힌
불쌍한 꼴이다
그러나 던져진, 엄연한 실존이다
흡사 나와 다르지 않다.

초대시

여도현

여적餘滴 / 桃村에서

여적餘滴 (외 1편)

여 도 현(양평문인협회 회장)

풍경이 달을 친다

바람은 달그림자와
숲속에서 한가로운데

어둑한 여백
구름이 눈물로 적시는
아랫마을 집집마다
문에는 커튼이 내려져 있고

가죽부대에 넘치는
그저 그렇게 거시기한

夢幻

桃村에서

해와 달의 셈법은
전혀
의미가 없다
그저
푸르렀다
낙엽 지는 걸
즐길 뿐

강정례

나는 지금 / 사랑은 많은데 /

몽이 수술 / 치매 / 욕심

나는 지금 (외 4편)

강 정 례

능선을 넘어가는
검붉은 노을빛
어둠으로 밀려가더니
접시만한 하얀 꽃이 피었다
짧은 모가지 들고
오래도록 접시꽃을 본다

놓쳐버린 꿈이 있나
놓지 않을 꿈이 있나 해서.

사랑은 많은데

어떤 사랑이 좋을지 모르겠습니다
남편
친구
혈육들
사랑이 내 안에 꽉 차 있습니다
모든 것을 다 주어도 아깝지 않습니다
없는 것도 만들어 주고 싶습니다
헤어짐을 생각만으로 가슴이 메어옵니다
그런데 이상한 일입니다
가끔은 또 다른 사랑을 원하고 있습니다
오직 사랑만 있는 사랑을 하고 싶습니다
어찌해도 사랑은 또 다시
차오르고 있습니다
때론 사랑인지 아닌지 모를 때가 있습니다
사랑은 많은데
어떤 사랑이 좋을지 모르겠습니다

몽이 수술

두 살배기 몽이 뒷다리가 탈구란다
수술비 백오십만 원
예뻐만 해줄까

식구라면서 저도 아프면 망설이실 거예요
아들놈이 짠 내 나는 맘을 훅 걷어버린다
데려왔으면 끝까지 책임을 지셔야죠
딸년이 양심에 삿대질 한다
한 해에 몇 곱으로 늙어가는 몽이의
미래가 그려진다
안 돼. 이 나이에 강아지 장애수발까지 들 수는 없어
몽이를 안고 수술실로 뛰어들었다
나를 위해서이다

치매

당신 누구요
예가 어디냐
우리 어머니

오늘은 저 멀리서 나를 보고
굽은 등에 힘겨운 미소로 다가오신다
연홍빛 스카프에 예쁜 모자를
유난히 좋아하시는 어머니
내가 누군지 몰라도
내 이름을 부르지 않아도 좋다
오래오래 내 손을
잡아 주시기만 한다면

웃음 지으며 손을 맞잡지만
우울한 속내
화살보다 빠른 세월을
현관 고리에 매어놓고 싶다

어머니와 나의 온기가 같았을 때로
아니 지금 이 만큼이라도.

욕심

온 세상이 내 안에 있는데
끝도 없이 허기만 진다
담을 것도 버릴 것도 모르면서
자꾸만 투정만 하니
내 안에 온 세상이 있으면서도
나는 있고도 없다

강춘호

아버지 / 동막해수욕장 / 인연 /

겨울 단상 / 계절 앞에서

아버지 (외 4편)

강 춘 호

진동 벨 소리와 함께
핸드폰 발신자 표시에
'아부지'란 글자가 눈에 들어온다.

'아부지~ 잘 계셨는교?' 나의 인사말에
'별일 없제? 내려와서 큰 병원에 함께 가자'는
말씀만 하시고 전화를 끊으셨다.

분당서울대병원에서
검사 후 결과까지
채 일주일도 걸리지 않았다.

간암 3기
아버지는 연명을 위한 치료를 거부하시고
안동으로 내려 가셨다.

3개월의 시간이 하루처럼 지나갔다.
자식들에게 고통의 순간을 보이지 않으시려고
몸부림조차 참으시며 어머니 곁으로 가셨다.

신록의 계절이 오면 나무에 새순이 돋듯
조그만 희망을 품고 아들에 의지하여
큰 병원으로 발걸음을 옮기셨던 아버지가 그립다.

봄날은
아들을 사랑하셨던 아버지를
아름다운 리조트에 단 한 번도 모시지 못해
그렁그렁 눈물 맺히게 하는 그런 무정한 날이다.

동막해수욕장

잿빛 어둠이 내리는 해변으로
붉은 노을이
긴 꼬리를 감추고 있다.

어둠이 내린 동막해수욕장은
겨울바람에 흔들리는 소나무 울음소리가
옷깃을 더욱 여미게 한다.

조금 일찍 도착했으면
붉은 노을을 마주했을 터인데

붉은 노을 배경으로 칼 군무를 추었을
갈매기 무리만 둥지를 찾아
분주히 날갯짓 한다.

철 지난 바다를 찾은 연인들이 떠난
동막해수욕장은

하루의 분주함을 버리고

새로운 정토를 준비하고 있다.

인연

스쳐가는 줄 알았는데
언제부터인가
내 곁에 와 있다는 걸 알았습니다.

그대가
언제까지 내 곁에 있을지 알 수 없지만
곁에 있는 그날까지
그대가 나를 사랑하는 것보다
조금

아주 조금 더
그대를 사랑하리라 다짐합니다.

겨울 단상

훌훌
벗은 몸매가 더 아름답다고
참나무 사이로
소리 지르며 달아나는
겨울바람

계절 앞에서

불타는 절골 협곡을
눈에 가득 담고 돌아섰는데
이내 낙엽 뒹구는 겨울 길목이다

애처로이 달린 마지막 잎
행여 찬바람 불어오면 낙엽 될까
온 힘 다하여 가을을 붙잡고 있다

아쉬워 말자
푸른 하늘 벗 삼고
은하수 이불 삼아
봄 여름 가을 아름답게 살았으니
이제는 돌아가 쉬어야지.

권분선

비 / 내 마음 / 2018년 여름 폭염 /

어느 날 오후 / 황소 눈

비 (외 4편)

권 분 선

초록 꽃다발 안고
당신이 옵니다

단발머리 여고생
들뜬 마음 설레입니다

녹아내리는 촛불 되어
당신 마음 안아주며

이십여 년 버텨온 세월
가슴으로 믿은 사람

다시 만날 수 있을지 두렵지만
버틸 수 없음에 떨쳐내렵니다.

내 마음

계절은 쉼 없이 제자리로 돌아와
아지랑이 피어오르는 언덕에 서면
내 마음 들풀로 서성일 뿐

잡초 뽑듯
먼지 털듯 털고 털어도
그리움은
돛단배.

2018년 여름 폭염

그대 사랑 너무 뜨거워
잠 이룰 수 없다

하얀 밤 지새워도
새벽 내려앉아도

그대 사랑 너무 깊어
헤어날 수 없다

그대 없이 숨 쉬고 싶은
내 작은 가슴

타들어 가는 버거움
이제 그대 저 먼발치에서
바라보고 싶다.

어느 날 오후

솟을대문 닫으니
다가온 여유

파란 지붕 기와 사이
초록빛 정원

시간만 흘러간다.

황소 눈

황소 눈 속에는 산이 자란다
그 눈 속으로 들어갈려는
나의 다리는 절뚝거리고 있다

습한 어둠은 치맛자락을 휘감고
비둘기 한 마리

빈 의자 위에서 졸고 있다

김광섭

가난물림 / 손자가 왔다 /

가을 향기 / 연인 / 사슴

가난물림 (외 4편)

김 광 섭

내 살림살이
돌아보니 틈이 많아
메꿔야 할 곳이
보이는구나

이슬 찬
강줄기 따라
하루하루 사는 것이
풀메뚜기 같다

굴참나무 숲
등 굽은 아비가
미안하다 하시며
홀로 살고 있다

손자가 왔다

어린 손자가
환한 얼굴로 달려온다

지갑 속 사진에만
숨어있던 보물

노인은 반가움에
절로 생기가 솟는다

심장으로도
바꿀 수 없는 분신

온 세상이 아이 웃음처럼
변해지는 하루

가을 향기

푸른 그늘은
가을빛에
깊은 골짜기로 숨고

풀내음은 맴돌다
서풍에 밀려
구릉 넘어간다

보기만 해도
넉넉한 들녘
붙잡아 두고픈데

낙엽 떨구는 바람
분주하기
이를 데 없다

오늘 따라
노을은 서둘러
무서리 부르고

양철지붕 위로 떨어진
붉은 대추알 같은
쉼이 기다려진다

연인

하얀 블라우스
다소곳이 내려진
검은 머릿결

붓꽃 화피처럼
겹겹이 감추인 연정

내 마음 들킬까봐
숨소리 죽여 가며

모른 척 스칠 때마다
되살아나는 불꽃

사슴

놀란 인기척에
얼굴 돌려 쳐다본다

둥근 두 눈 가득
눈물 고이면

내 마음
풍 덩

김 미 영

무지외반증 / 별이란다 /

즐거움이 있는 곳 / 빗방울 / 사는 모습

무지외반증 (외 4편)

김 미 영

어릴 때부터
발이 왜 그렇게 생겼어요
다리 다친 적 있어요
구두의 불만이 발가락을 헤집는다

예쁜 구두도 내게만 오면
밑창까지 벌어지고 만다

실리콘 교정기 은백 대돈 뜸
꾸준한 나날에
기우뚱이던 걸음걸이
자신 있게 변해간다

여포화지만
가슴까지 확 펴고 걷는
내 걸음걸이.

별이란다

꽃잎처럼 피는 얼굴로
내가 별이라 부른다

맞아 넌
예쁜 애기 별이지

울 때도 있고
다툴 때도 있는
초등 2년생

상상과 표현을 잘 버무려
숲속의 새들처럼
슬기롭게 예쁜 집을 지어봐

곧 반짝이는
큰 별이 될 거야

즐거움이 있는 곳

새삼 모르는 것에
집중을 하면서

배울 수 있다는데
어디든 못가겠는가

무지를 깨우면서
더 알고 싶어

측우기도
서양보다 200여 년 전이라니
알고 나니 놀라워라

빗방울

놀이터 의자에 놀다간 흔적
바람과 구름
벚나무 동무하며
세상을 만났으니

매달려 대롱거리지 말고
이제는
저 먼 산까지
품고 살아봐.

사는 모습

낡은 운동화가 하는 말
적은 고무장갑의 바람
찢어진 청바지의 생각들

서로를 바라보며
웃음과 대화로 버무려진
일상

김병택

고적孤寂 / 낙화落花 / 낙화落花 2 /

용눈이 오름 / 매미 2

고적孤寂 (외 4편)

김 병 택

풀벌레 소리 멎은
산 속
적막은
안개 타고
내려앉고

차마
길 못 떠난
낙엽들
서로 다독이며
잠든다

별도
흐르지 않는 밤
깡마른 달이
홀로
시리다

낙화落花

팔랑이는
나비의
꿈

끝나지 않은
지구
여행

낙화落花 2

보라
저
소용돌이

온
땅이
들썩인다

용눈이 오름

제주도를 응시하며
태풍 솔릭이
기어오를 때
용눈이 오름은
초연하다

능선 따라 펼쳐진
초록물결
온 몸으로
출렁인다

하산 길에
시 하나
건져냈으니
누웠다 일어났다
풀잎들

김수영을

노래한다

매미 2

밤낮
청랑한 소리로
여름 하늘
흔들더니
어느 날
훌쩍 떠났구나
첫 울음
터뜨린
나무 등걸에
투명한
잔영 하나
걸어 놓고.

김연숙

유월 / 태풍 오는 아침 / 비가 오면 /

낮 두시 / 가을바람이 오고 있다

유월 (외 4편)

김 연 숙

저마다의 이름을 가진 잎사귀들은
햇볕을 잔뜩 머금어 푸름이 짙어지고

장미는 열정적으로 피어나
여름을 만들어 내고 있다

큰 새 작은 새
밤꽃 아래서 목청도 키우고
나무 사이 술래잡기하며 날갯죽지 힘도 기른다

햇볕이 정수리로 쏟아지기 전에
유월은 할 일이 참 많다

태풍 오는 아침

태풍이 온다고 세상이 시끄럽다
매미도 남아있는 모든 기를 쏟아낸다

하늘만 우러르는 연잎은 미동도 않는다
벚나무 잎사귀도 버드나무 가지도 숨을 죽인다
강아지풀마저 고개를 떨구고 그냥 맡겨 버린다

달아날 수도
숨어버릴 수도 없으니
버텨내는 수밖에 없다

비가 오면

비가 오면 일하지 않아서 참 좋다는
요 근래 농사꾼 흉내를 내는 남편이 말한다

티비에서는
때 맞춰 고사리를 꺾어야 하는 남자가
비가 오면 불안해서 편히 앉아 있을 수가 없다고 말한다

나는 오래전
비가 오면 첫사랑이 생각난다던
어떤 사람을 생각하고 있다

낮 두시

강아지가 감기는 눈을 어쩌지 못하고
바닥에 온 몸을 맡겨 버린다
멈춰 버린 시간 무거워지는 눈꺼풀로 무중력이 된다
강하게 내리쬐던 햇발도 나뭇잎에 걸터앉아 모든 걸
내려놓는다

먼 길 돌아 온 구월 초하루 바람이
커튼을 들추며 달콤하게 살랑인다

치열하던 팔월도 이렇게 지나갔다

가을바람이 오고 있다

갈대는 곱게 빗어 내린 머리를 아래로 떨구고 있다
머리를 풀어 헤치고 맘껏 춤을 출 날을 기다린다
바람이 불어버리면 안 된다
때를 기다려야 하는데
성미 급한 바람이 자꾸 흔들어댄다

낙엽 지기 전 단풍색 현란한 가을 속으로 들어가려면
아직은 고요히 옷깃을 여며야 하는데
가만히 서 있는 갈대 하나에도 흔들리고 있다

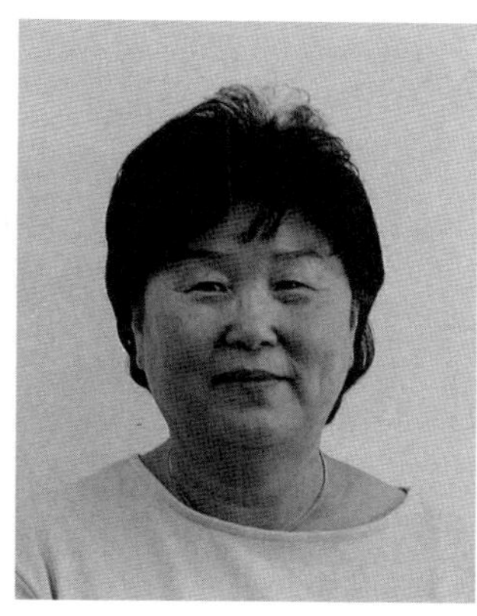

김은희

치매끼 / 여름 풍경 / 옛집에서 / 잡초

치매끼 (외 3편)

김 은 희

겨울 냄새 짙은 가을
산을 오르다가
어제 어떻게 보냈지
우둔한 생각을 한다

오늘 몫의 분량을 소화해내다가
내일은 또 어떤 일들이
날마다 열심히 앞을 향해 가는데
가끔 생각 사이로
기억은 모래처럼
잘도 빠져 나간다

손가락 꼽기 긴 세월은
언제쯤에서 잊혀졌을까
어제도 오늘도 버거워지는데
내일이 자꾸 허둥거린다

생각이 또

깊은 한숨 쉰다.

여름 풍경

참새가
난간에 앉아
개 밥그릇을 바라보다가
개 하품에 놀라 달아난다

닭장엔
닭보다 참새가 더 많다.
언제부터 자기 집이 되었는지
알도 안 주는 것들이
밥만 축낸다

세상엔 돌아가는
이치가 있다는데
참새가 찾아온 이유도 있겠거니
모이통에 듬뿍 사료를 붓는다

해는 중천에서
계절의 끝자락 조금씩 짧아 오는데

하얀 새똥은
게으른 여름처럼 쌓여간다

까치 한 마리
참새 따라 마당에 조심히 앉다가
선풍기 소리에
화들짝 날개 편다.

귀한 바람이
파랑 잎 하나 물고 가버리는
여름 마당.

옛집에서

모퉁이 돌아
빈 집
매화꽃만이 아는 체 반긴다

한 때
연못을 꿈꾸며
손톱이 닳도록 가꾸던 개울
모래펄 가득하고

꿩 꿩 깊게 울며
날아가는 숲에는
고사리 혼자서 웃고 있다

감은 눈 속에서
아지랑이 피는 지난 날

그리움

눈물같이 반짝이는

봄비가 적시고 있다

잡초

한 줌 뜯어내고
싹뚝 가위로 잘라내도

무심한 척
고개 흔드는 지독한 것들

백 년만의 폭염에도 끄떡없는
억척스런 유전자로

아무리 뽑고 잘라도 살아내는
질긴 생명력

어제 오늘 폭염에 녹초 되는
형편없는 인내력으로
모든 것이 덥다.

김황용

청음제 / 늦여름 / 사는 재미 /

나무에 물을 준다 / 가꿔간다는 것

청음제 (외 4편)

김 황 용

꽃 피고 새가 노는
청음제 계곡 들마루에서

한 생 희로애락
청산에 날려 보내며

험한 세상 등 돌려
나 이렇게 살아가네.

늦여름

안개꽃 면사포

누구를 그리워했는지

그대 내 곁으로 온다면

나 국화꽃 피는 마당에서

기다리고 있으리.

사는 재미

뒤 늦은 눈바람에도
내 사랑 잊지 않고
수확으로 화답한다

잘 익은
블랙베리 한 바가지

찾아온 벗들과 나눔은
명분 있는 삶
가꾸어가는 기쁨이어라.

나무에 물을 준다

여명은 늘 풍광으로 다가와
나를 설레게 하고

솔바람 물소리에
앞산은 낮아지고
뒷산은 높아지니

온량공검양溫良恭儉讓의 나무에
물을 준다

가꿔간다는 것

농심은
지심을 알아가는 것
비, 풍, 우와 함께 하는 것
결실은 손사랑에 화답하는 것
나눔은 자연을 존중하는 것
삶의 묘비는 쓰지 않는 것

명 연 숙

목련 / 스위치를 끄고 싶다 / 겨울 산 /

모래바람 / 국수가 사는 법

목련 (외 4편)

명 연 숙

내 의지와 상관없이
팽팽한 하늘을 휘젔던 온몸이
제자리로 돌아오는 봄

길 안내 없이도
기다리는 곳을 찾아와
몸은 만삭이다

봄비 마시고
한 번에 낳아
길지 않은 생을 위해
밤낮없이 잔치를 벌이고 있다

스위치를 끄고 싶다

몸의 향기는
달라붙은 땀이 지워버렸다

새벽까지 식지 않은 열기
눈꺼풀을 덮지 못한 밤

태양에 스위치가 있다면
잠시 끄고 싶은 이 여름.

겨울 산

온 산을 흔들고 가는
바람길
빈 산

눈이라도 내리면
목화솜 이불 덮고
한줌 햇살에도 몸을 녹이며

바람 끝을 따라온 그리움으로
내 안의 나를 밀어 올려
세상일 품어주려는 겨울 산.

모래바람

백내장을 앓고 있다
빈틈없이
무장했다

국수가 사는 법

군기 바짝 든
부동의 자세가
끓는 물에 드러눕는다

부러지지 않으려
고행을 한 후
둥글게 말아져 앉아있다

문 명 숙

조가비 / October(가을의 노래) /

염원 / 통증 / 아기별꽃

조가비 (외 4편)

문 명 숙

바닷가
작은 조가비로
바닷물 뜨는 아이

넓은 바닷물
조가비에 담긴
한 방울의 물은
아이의 작은 심장

우주 전체를 담을
넓고 큰 그릇

October(가을의 노래)

마지막 결실 위해
햇살 마음껏 들이킨 알곡들
이삭마다 갈잎
속살 터지도록 영글고

여름내 땀 흘린 결실
바람 타고 앉아
풍요로운 들판에서
가을의 노래 부른다

염원念願

잘린 허리 이어져
슬픈 산맥 골짜기마다
피가 도는 날

장백소나무 자작나무
울창한 원시림 헤치고
세찬 비바람 속

백두산 산마루 뛰어 올라가
하늘보다 더 푸르디푸른
천지天池 앞에
민족의 쌓인 한恨 풀고
무릎 꿇고 천지신명께
큰절 하고 싶다

통증

갈피갈피
삭이지 못한 아픔이

돌아서는 몸짓 따라
스쳐가는 바람인 줄 알았는데

시선 멈추는 곳마다
무성한 넝쿨로 뻗어만 간다.

아기별꽃

나무들 도란대는
숲 속 외진 길
풀 섶에 숨은 아기별꽃
갸웃이 손 내밀며
눈부시게 웃고 있다

햇살 타고 내려와
가녀린 줄기 매달려
하얀 불꽃 밝힌 아기별꽃
바람 따라 손 흔들며
다정하게 인사 한다

박 부 경

무명씨를 위하여 / 기억이 기억을 삼키다 /

재회를 위한 재회를 위하여 / 가을 유감

무명씨를 위하여 (외 3편)

박 부 경

좁은 어깨
헐렁한 바지
가을은 그렇게 온다

무거운 듯 가벼운 주머니에
손을 넣고
돌아서다
다시 돌아서
알밤 하나 툭 떨어뜨리니

가난한 하늘에
끼룩거리던
소라색 캐시미어 머플러

아득하니 포근하다

기억이 기억을 삼키다

나무는 외발로 울고
까치는 왼발로 땅을 비빈다

이름은 물어도
동그랗게 말린 기억
다시 펼 수 없어

네가 누구니?
자꾸 되묻는다

어린 아들 땅에 묻은 그날
발 시린 기억
허공에 풀어헤친
산까치 같은 그 여자

재회를 위한 재회를 위하여

애벌레 같던 우리가
벤쿠버 32층 아파트에서 만나
서로의 주름살을 헤아린다

얼마나 많은 계절풍이
우리의 옷깃을 스쳐갔어도
낯선 듯 낯설지 않아
오히려 사방치기 빗금처럼
정답다

늙어도 늙지 않는 강물 같은 친구야
같은 말 수백 천 번 되풀이해도
마르지 않는 인정의 샘
풀잎 같은 가슴 설레게 하던
첫사랑
그 애 소식은 아무도 가져오지 않았구나

가난에 지쳐
졸업앨범을 사지 못한 아이는
그 작은 소원을 이루고자
하늘의 천사가 되었다는데
……

우리 다음에는 로스엔젤레스에서 만나자

그린빌 작은 섬을 향해
통통거리며 기우뚱거리는
나비의 날개에 73개의 별이
아득하게 출렁거렸다

가을 유감

가지 말라고 한 적이 없어요
분명코
오지마라 한 것도 아니지요
결코

벌레 먹은 잎새의 바람인 듯
신음하는 표정
저 혼자 도려내며
속눈썹에 젖는 시간
도토리 같은 젊음도 물어갔지요
이제
질경이 같은 목숨도 노리고 있네요

맥추의 치마폭으로
맥없이 드나들며

박 수 주

산귀래 1 / 산귀래 2 / 산귀래 3

산귀래 1 (외 2편)

박 수 주

김장용 배추 모종을 옮기다
흙속에서 땅콩만한 하얀 알이
염주처럼 달린 것을 발견했다

양동이에 흙을 담고
열댓 개나 되는 알을 묻어두었다.
어느 날
색깔 고운 실뱀 두 마리가 돌아다니고
몇 개는 알을 깨고 나오는 중이다

까치 독사다
독은 없다지만
무섭고 징그러운 뱀

새끼는 왜 이리 예쁠까.

산귀래 2

잔디밭을 들여다본다
마른 잎 아래 파란 새싹들
올해도
잡초와의 전쟁을 예고

추위를 이긴 무스카리
수선화 튤립은 얼굴을 내밀고
양지쪽 복수초는 꽃대를 올리고 있다

겨울바람 아무리 매서워도
눈 밑에 봄은 와 있었나 보다

산귀래 3

산귀래의 길은
한 여인의 삶이 녹아
나무들이 터널을 이룬 곳

철따라 피고 지는 야생화
나비와 벌들은 꽃을 헤집고
산새들은 떼 지어 지저귄다

가을이면 낙엽을 쌓고
겨울은 흰 눈을 쌓는
산귀래 터널 길은 꿈의 길

외로운 늙은 여인이
혼자서 가는 길

송 태 옥

마음 / 귀뚜라미 / 고무지우개 /

봄비 소리 / 기생

마음 (외 4편)

송 태 옥

후줄근한 모습으로 퇴근한 남자에게 여자는
치킨이 먹고 싶어요 종일 생각나네
그럼 한 마리 시켜

둘째를 임신해서도 한 달을 기다려야 들을 수 있었던 말

참 미끈하다

오늘은 밥하기 싫어 피자 시켜 먹었어요

세상 많이 변했지 들을 때마다

지금 마음이 그래
서로 막 변해가는 것이 두려워

귀뚜라미

불을 꺼야 느낄 수 있어
어둠의 가장 안쪽에 사는 너

무심해야 들을 수 있어
가사를 알 수 없는 너의 노래를

방금 한 줌 빛마저 걷어간
딸의 방문이 닫힐 때

내 기원에 그래

고무지우개

낮에 했던 말들이 생각나지 않는다
치매는 밥 먹으며 하는 농담
연습이 필요 없다 필요하다
이가 맞지 않는 언어들을 꿰맞추며
가까운 날부터 내 속에서 무너지고 있다

우연한 거리에서 찰랑찰랑 뛰어오는 그녀
가을 햇살을 통째로 삼킨 그녀
몇 군데 걸어 놓은 인연의 사슬 그쯤
그녀는 있었다 나는 없다
비겁한 눈동자만 구르고 있다

봄비 소리

야생으로 사는 것은 때로 제 소리를 숨길 줄 알아야 한다

비릿한 한 생을 여는 소리

봄에는 들리는 비명과 들리지 않는 비명이 합쳐 내린다

기생

살집을 헤집어
비루함을 묻고
감아 올라야 하는 습성으로
유월의 그 허공에 매단 그
붉은 마음
뚝 뚝

심 연 수

그리움의 온도 / 이야기 들어주는 나무 /

첫눈 / 새로 시집가다 / 겨울에

그리움의 온도 (외 4편)

심 연 수

뭇별들 하품하는 새벽녘
띵동, 문자 노크하는 소리

양평군 현재 온도 3도
최고 12도, 최저 1도
새날의 시작에 부쳐 온
내 주소지의 온도는 춥기만 하다

나를 생각하는
네 마음은 몇 도일까
따스한 난로, 33도일까
아직도 영하권, 마이너스 1도일까

잡힐 듯 잡힐 듯
멀기만 한 너의 마음
푸른 안개 속으로 흩어지고

잡히지 않는 너에 대한
차가운 그리움이
하얀 서리꽃으로 피어난다

이야기 들어주는 나무

양수리 어느 카페엔
이야기 들어주는 나무가 있다는데
당나귀처럼 큰 귀를
펄럭이고 있을 것만 같아
사람들의 그 많은 사연 듣고서
가끔은 귀가 아프지 않을까
더러는 귀를 씻고 싶지 않을까
나무도 하고픈 이야기가
산처럼 쌓일 땐 어떡하지
슬픔이 샘물처럼 차오르는 날엔
양수리에 가서
나보다 더한 가슴 품고 있을
나무의 이야기를 들어 주리라
누렇게 멍든 귀 쓰다듬어 주리라
따뜻한 눈물로 씻어 주리라

첫눈

어깨 위에 나붓이 앉은
순한 그것, 털어내지 마오

해후의 날 기다리며
시리게 피운 꽃잎이다

일 년을 묵힌 말들이
언 땅에 써 내려간
하얀 연서다

분분히 나부끼는 마지막 춤사위
스며드는 몸짓 기꺼웁다

새로 시집가다

애꿎은 시금치도 밀치게 하는
시시한 시집살이 내던지고

시시때때로 시만 떠올리는
근사한 시집詩集살이 하러
문화원 시창작반 접수 간다

그 집엔 시시껄렁하게 시비 거는
시집붙이도 없고
우주만상 시시콜콜한 것들까지도
빛나는 시어로 피어나는 무릉시원이다

그 집에서 목젖이 시큼하도록 시를 외고
팔목이 시리도록 시를 쓰리라

겨울에

맵싸한 바람 갈기
수척한 두 뺨을 후려칠 때

허공으로 날아간 한숨
처마 끝 주렴으로 매달린다

지우고
닫아걸고
삭아서 흩어지는

고달픈 한 生

삭제버튼을 누르시겠습니까

안 광 원

날개 잃은 나비 / 베이비부머 /

막걸리 / 뿌리

날개 잃은 나비 (외 3편)

안 광 원

본 듯한 얼굴인지 가만히 바라본다
연필을 쥐어주니 이름 대신 그림을
인형을 그리고서는
손으로 나를 본다

오늘도 유영한다 망망대해 기억 속을
날개 치며 치솟던 그 시절 꽃얘기들
어디쯤 가고 있을까
날개 잃은 나비여

베이비부머

나는야 옛날에 어땠는데 주절주절
그래봐야 머슴살이 다를 게 뭐있더냐
그래도 상머슴이었다고
큰 소리 치는구나

아내는 나를 두고 젖은 낙엽 취급하며
스스로 식사문제 해결했으면 잔소리
삼식이 벗어나려고
허리띠 졸라맸네

자식은 결혼해서 먹고살기 힘들다고
어버이 생각은 학교에서 숙제하듯
때맞춰 형식적인 인사
억지로 미소짓네

막걸리

잘룩한 허리 아래
뽀하얀 속살을
손으로 감싸 안고
눈으로 보면서
입술에 대고 음미하니
빨개지지 않겠는가

뿌리

깜깜한 전쟁터에 목숨 부지 힘들었다
터널 지나 햇살에 희망을 품었건만
사람들 꽃만 좋아하니
발버둥만 칠 수밖에

산모의 고통인가 젖 먹던 힘 다해
하늘을 우러러 방긋방긋 웃었건만
냉정한 세상살이 보니
억지웃음에 한숨짓네

윤기정

덕평천 백로 / 길 / 봄이다 /

별이 내리다 / 鑑湖의 새벽

덕평천 백로 (외 4편)

윤 기 정

가느다란 모가지에 걸린 외로움
온몸으로 버티다가 물음표로
물가에 서다.
제 그림자 흔들며 물살 저만치 흘러도
여전히 그 자리.
대룩대룩 눈알만 굴려
여울목 하얀 물결 세고 또 세다가
훠이
빗금으로 날아오르는 늦은 오후

길

갈라진 두 길에서
가는 길 하나, 가지 않은 길 하나
걷는 길은 언제나 외길입니다.

두 길이 하나 되는
외길목에서
오던 길 하나에 가는 길 하나
걷는 길은 또 외길입니다.

봄이다

늦봄이다

시詩 배운답시고 나선 마당에
햇살이 넘실댄다
봄맞이꽃, 민들레, 라일락
제 자리에서 제 빛깔로
간지럼 타는 봄이다

詩앗 하나 쥐고 돌아오는 길
떨어진 꽃잎 서성이는
차마, 가는 봄이다

별이 내리다

긴 가뭄에
소나기 한 줄 내린 밤
별 내리는 길도 열렸나 보다

유홍초 줄기줄기 빨간 별
도리지 밭엔 보라별
줄기 끝마다 걸어 놓았다

鑑湖의 새벽

– 여름

동트기 전
강을 건넌 안개들은
백병산 허리를 감아 오르고
남겨진 어둠은 숲으로 화들짝 뛰어든다
마지막 어둠마저 풀 섶에 숨어들면
멧비둘기 졸음 털며 날아오르고
참새는 떼로 튀어 오른다
서른 길 미루나무 정수리에 햇귀가 걸린다

떠나는 것들로 북적이는
시간의 驛舍
달맞이꽃잎 젖은 밤을 닫으면
새 날은 벼린 날빛
하늘로 열린다

이 득 효

짠지 / 살았고 / 촛불 / 난, 바람

짠지 (외 3편)

이 득 효

탄탄하고 탱글탱글한 몸
목욕재계하고
텀벙텀벙 잠수하더니

수 날 짠물에 절여서
쥐쥐하고 노랗게
쪼글한 몸이 되었다

쪽이쪽이 쪼개져
열 맞춰 나란히 누워
은은한 옛 이야기
어머니 생각난다

아작 아작
혀와 혀에 맞닿는
짭조롬한 맛
짠지 맛.

살았고

살기 위해 살았고
알고 싶어 살았고
높아지고 싶어 살았고

더불어 잘 놀기 위해 살았고
잘 죽기 위해서 산다.

촛불

어두운 세상 밝히려고
제 몸을 불사르며

뚝뚝 떨어진 눈물
석고 되도록

속으로 애태우며
목숨이 다 되도록

눈물만 흘린다.

난, 바람

두둥실 덩실
즐거움 몰고 다니는 바람

고운 것 미운 것 다 안아주고
인연이면
노래도 춤도 시와 함께 머문다

아니면
다른 바람 되어 지나가리라

정정숙

꽃이어서 좋다 / 장맛비 / 비닐봉투

꽃이어서 좋다 (외 2편)

정 정 숙

생명 다하기까지
아픔마저 품는
시드는 꽃은 아름답다

깊이 없는 내 웃음과 눈물은
얼마나 부끄러운가

속울음 감추고
초연하게 스러져 가는 모습

꽃이어서 좋다

장맛비

참고 참았던 눈물
한꺼번에 쏟아낸다

얼마나 서러우면
밤낮 가리지 않고
저리도 슬피울까

하늘 가르며 짐승처럼
울부짖는 울음소리

삼라만상도 무릎을
꿇는다

비닐봉투

더럽고 냄새나는 찌꺼기
마구 담아
함부로 내쳐도

눈살 찌푸리지 않는
넌
넉넉한 엄마 품 같다

조 경 화

아담에게 / 살고지고 / 이브에게 /

시간 속 풍경을 그리다 / 중생

아담에게 (외 4편)

조 경 화

태초의 알몸
넘겨다본 죄값은 얼마이기에

지독한 사랑앓이
너무 버겁다

수만 년 무심한 바람 스쳐가며
한 쪽 잃은 회한의 눈물도 마르고

가난한 기다림
이제는 벗어나고 싶다

살고지고

세상이 그렇다
어디에도 원하는 해답은 없고
온 길도 갈 길도 몰랐던 미로에서는
좋다고 웃어주던 날조차 허상으로
살아가는 전부가 반반의 확률
어이없음으로 비껴가도
행여 부질없는 후회는 하지말자

반복의 행로
어떠했다 해도
혹여 누군가 찾아와 물어보면
아무것도 기억에 두지 않았다하자
아쉬운 건 포근한 햇살뿐
다 족했다 말하자.

이브에게

아직도 뱉지 못한 금단의 열매
냉정한 하늘이여

첫 탐욕
동조한 죄값은 얼마이기에

뜨거운 피 흘린 옆구리 쑤셔대는
한 쪽 잃은 회한의 몸부림

중독된 사랑앓이
이제는 벗어나고 싶다

시간 속 풍경을 그리다

청량리역 마지막 전철
텅 비었던 자리 정거장 지날수록
저마다 다양한 표정으로 가득하다
책 읽는 젊은 청년
이어폰 음악에 도취된 학생
열심히 게임에 몰두하는 아가씨
눈 감고 중얼거리는 중년 남자
검은 비닐봉투 부스럭거리는 아줌마
철 지난 양복의 남루한 할아버지

찐득한 땀의 체취에 고단함을 더하다가
족쇄 같은 일상을 반납 받으며
한낮의 꿈 퇴색하던 시간이 넘어갔다
또, 한날

지금부터는
어제라는 기억으로

맑은 색깔의 그리움이었으면 좋겠다
오늘이었던 어느 순간도
다시는 만질 수 없는 기적이었으니까.

중생

어리석은 자맥질
제 것이 아닌 집착을 메고
외발사랑 절룩이며 간다

하루하루
노을 내리도록
번잡스레 욕심만 어정거리는
곤비한 삶

젖는 건 발목인데
시린 건 눈썹이다.

최경학

목련 / 어미 / 백년손님 / 두 얼굴

목련 (외 3편)

최 경 학

시집온 첫날
아침밥 지으러 나온
피부 여린 새댁아

어쩌꺼나

하얀 버선코 옥을 빚은 듯
지고지순한 절개 고고한데
마당 빗자루보다 억세단다 '홀시어머니'
주사酒邪가 여간 아니란다 '그 외아들'

담장 밖 수군대는 소리들

봄비에 흐르르
내려앉는 화상 자국
저 시든 꽃잎

어미

자식 먼저 보내는 어미
끌어안고 고꾸라진다

이 세상
숨 한 번이라도 더 쉬고
가게 해 달라
목 놓아 소리치며 넋을 잃는다

허물이 된 빈 몸으로
저승길을 막아선

파르르 혼도 없이
온 생애를 떨고 있는
떨잠 * 하나

* 떨잠 : 예전에 부인들이 큰머리나 어여머리의 앞 중심과 양옆에 꽂던 비녀의 하나.

백년손님

어느 때라도
버선발이다

무엇이 입에 맞을지
씨암닭 씨를 말리고도
전전긍긍

애지중지 키운 딸을
속절없이
당당히 수확해 간
그를

이유 불문
백년인들 마다할까

어화 둥둥
버선발로 반긴다

두 얼굴

진통제
소화제
제산제
항생제

그대
그리고
나

본질일 뿐

속내를 숨기는
이중성은

무죄

최 용 호

다듬이 / 갈증 / 초라한 등대 /

내 마음의 와이퍼 / 산사의 비

다듬이 (외 4편)

최 용 호

고요를 삼켜버린 소리
쉼표가 없는
가슴 저미는 어머님 목소리

초롱불도 조는 밤
방안 가득
가슴 두드리는
판자촌 겨울 이야기

무거운 방망이는
부산행 열차처럼 달리고
나는 소리를 주워 담는다

임종을 앞둔 눈동자가
별로 내리면
가슴 바구니에 따 담아야지

갈증

소나기 멈춘 산마루에
피어나는 연기구름

슬픔조차 기화해 뚫린 가슴에
태양이 내 몸 속으로 들어왔다
애증을 살라버렸다

이제는 돌아가리 산으로
돌 틈에 흐르는 여울
숲을 찬미하는 새들

사람을 버리고
새로 숨쉬리
여울로 말하고
산으로 살리라

돌돌
돌 돌아가는 물로 살리라

초라한 등대

어둠 속 등대가
기다리는 깜박이 별빛

멀고도
차가운 당신

봄빛을 받으며
역으로 들어오고 있지요

내 마음의 와이퍼

여자 화장하듯
어제란 창을 지우고
꿈꾸던 세계를 봐야한다

온몸을 도포로 감던
여름을 벗고
거짓을 지운다

자유가
앞에 서있다
솔개가 하늘 바람 타듯
마을을 보는
젊음이고 싶다

산사의 비

깊숙한
절 개울에
녹은 겨울
상큼한 냉이 냄새

빗방울은
목탁 소리
기다림은 피워내고
가슴을 닦아내고

유채꽃 내음 가득

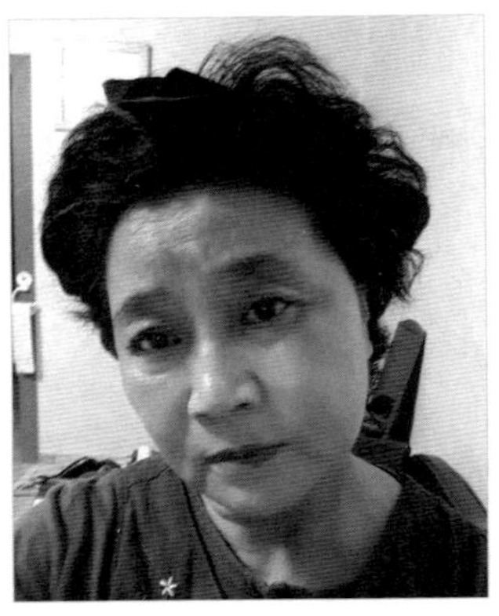

최 태 희

커피 / 아버지 / 아침 / 사랑아 / 멍

커피 (외 4편)

최 태 희

뜨거운 커피가 마시고 싶어
주전자에 밤색 커피 알갱이를 몇 수저 넣고
물이 끓기를 기다린다

커피 향보다 뜨거운 열기가 얼굴을 덮는다

생각만큼 커피는 맛이 없다
그래도 우아함을 지키며 한잔을 다 마신다

난 참으로 멋있다고 생각한다

아버지

오늘 문득 당신이 보고 싶습니다
많은 시간이 흘러 잊었는가 했는데

비온 뒤에 개인 하늘을 보고 있자니
왜 당신이 보고 싶은 건지
뭉클하게, 가슴 벅차게, 뜬금없이
당신이 보고 싶은 건지
그냥 소리 내어 펑펑 울었습니다

하염없이 나를 바라보던 당신의 눈이
왜 이리 떠오르는지
항상 촉촉이 젖어 안쓰러워하던
그 눈이 왜 지금 생각나서
나를 울게 하는지 보고 싶습니다

아버지, 아버지
내가 죽을 때까지 당신을 그리워하고 보고 싶어 합니다.

오늘 지금 이 눈물은 회개의 눈물일 것입니다.

아버지, 사랑합니다

아침

아직도 가로등은 졸고 있는데
물안개가 피어오르며
서서히 아침을 연다
아침의 내음

오늘은 무엇으로 행복할까
오늘은 무엇으로 감사할까

내가 가진 행복과 감사가
사치스럽게 느껴질 때
서서히 내려놓는 연습을
시작한다

힘겹게 살지 말자
그저 있는 대로 욕심내지 말자

사랑아

말 못하는 짐승도
세월을 많이 먹으니
말만 못할 뿐 사람 같구나

내 몸짓 내 목소리에 늘 내 곁에서
까만 눈동자로 나를 응시하면
어떤 이변이 없는 한
나를 끝까지 지킨다는
무언의 약속을 하는구나

사랑아~
사랑아~

멍

풀어진 눈으로
어디를 쳐다보나
멍하니 한곳을 응시한다

머릿속을 비우고 앉아있다
가끔 이런 시간이 필요하다

죽음과 삶 사이에
이런 행복이 있구나
현대인의 숙명인가